Servidores Comunitarios

Veterinarios y veterinarias

Texto: Dee Ready
Traducción: Dr. Martín Luis Guzmán Ferrer
Revisión de la traducción: María Rebeca Cartes

Consultora de la traducción:
Dra. Isabel Schon, Directora
Centro para el Estudio de Libros
Infantiles y Juveniles en Español
California State University-San Marcos

Bridgestone Books
an imprint of Capstone Press
Mankato, Minnesota

Bridgestone Books are published by Capstone Press
818 North Willow Street, Mankato, Minnesota 56001 • http://www.capstone-press.com

Library of Congress Cataloging-in-Publication Data
Ready, Dee.
    [Veterinarians. Spanish]
    Veterinarios / de Dee Ready; traducción de Dr. Martín Luis Guzmán Ferrer;
revisión de la traducción de María Rebeca Cartes.
    p. cm.—(Servieores comunitarios)
    Includes bibliographical references (p. 24) and index.
    Summary: Explains the clothing, tools, schooling, and work of veterinarians.
    ISBN 1-56065-804-5
    1.Veterinarians—Juvenile literature. 2. Veterinary Medicine—Vocational guidance—
Juvenile literature. [1.Veterinarians. 2. Veterinary Medicine. 3. Occupations. 4. Spanish
language materials.] I. Title. II. Series.
SF756.R4318   1999
636.089'06952—dc21
                                    98-21480
                                        CIP
                                        AC

Editorial Credits
Martha E. Hillman, translation project manager; Timothy Halldin, cover designer
Consultant
Dr. Sheldon Rubin, American Veterinary Medical Association Public Relations Council
Photo Credits
Faith Uridel, cover
FPG/James Levin, 4; Jonathan Meyers, 6; Stephen Simpson, 8; USDA, 10;
  Jerry Driendl, 12
James Rowan, 18
Michelle Mero Riedel, 16, 20
Unicorn Stock Photos/Alon Reninger, 14

Contenido

Para evitar una repetición constante, alternamos el uso del feminino y el masculino.

Veterinarios y veterinarias

Los veterinarios y las veterinarias son los doctores de los animales. Ellos curan a los animales enfermos. También cuidan que los animales sanos permanezcan sanos.

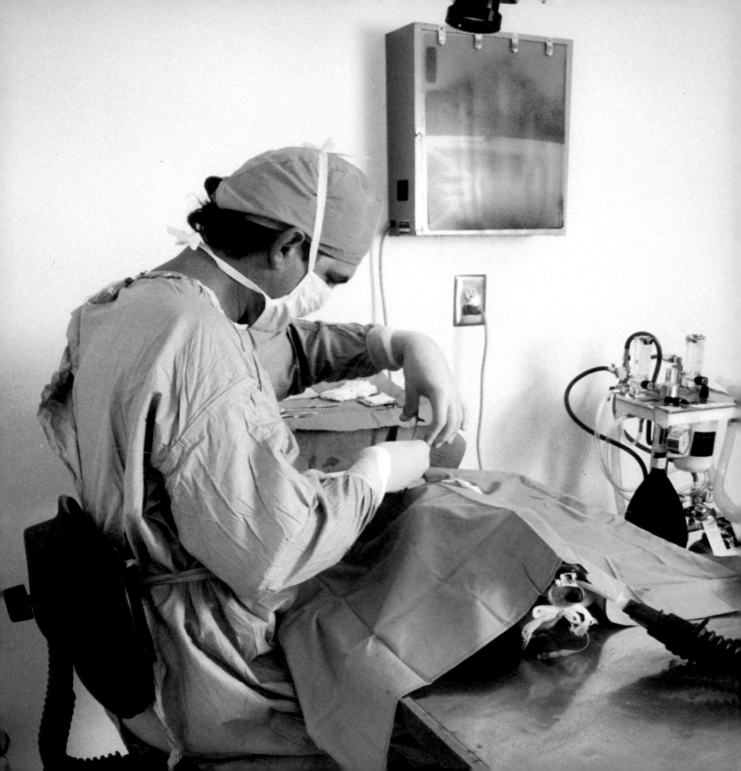

El trabajo de las veterinarias

Las veterinarias tratan que los animales enfermos se curen. Algunas veces tienen que operar para curar al animal enfermo. Además, arreglan los huesos rotos de los animales. Las veterinarias vacunan a los animales.

Diferentes tipos de veterinarios

Hay diferentes tipos de veterinarios para diferentes tipos de animales. Cerca de la mitad de los veterinarios se dedica a cuidar a los animales domésticos. Otros se dedican a los animales de granja y caballos. Algunos trabajan en los zoológicos.

Qué se ponen las veterinarias

Las veterinarias que trabajan en un consultorio por lo general usan batas de laboratorio. Las que trabajan en granjas usan batas altas de hule y overoles. Un overol es un traje de una pieza que se usa sobre la ropa. Así la ropa no se ensucia.

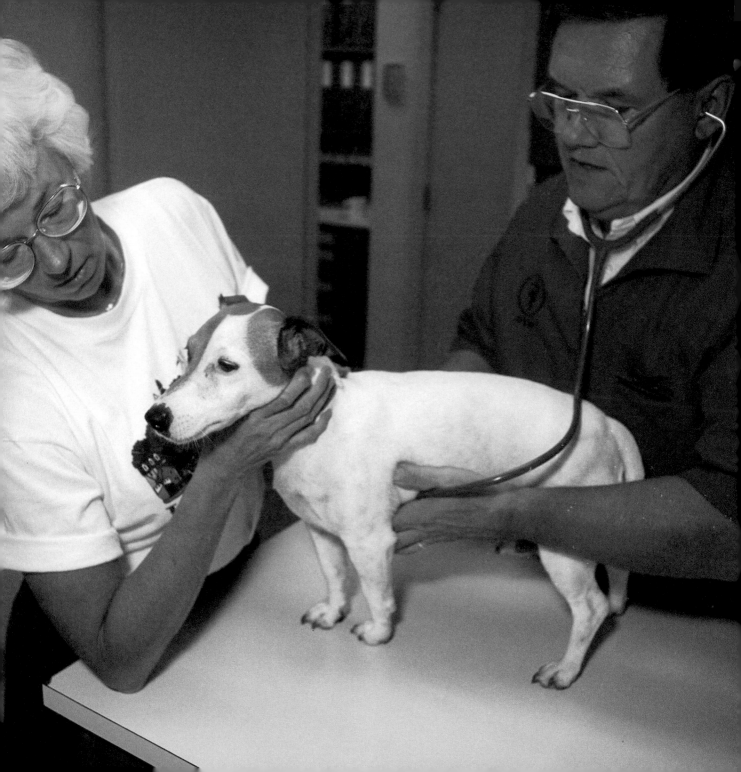

Instrumentos que usan los veterinarios

Los veterinarios usan los mismos instrumentos que los doctores de seres humanos. Pero los instrumentos del veterinario sólo se usan con los animales. Los veterinarios usan el estetoscopio para oír el latido del corazón de los animales. Usan una jeringa para vacunarlos.

Las veterinarias y la universidad

Las veterinarias tienen que ir por lo menos dos años a la universidad. Después van a la escuela veterinaria. Esta escuela dura cuatro años más. Cuando terminan sus estudios, ellas tienen que aprobar un examen especial para veterinarios.

Dónde trabajan los veterinarios

La mayoría de los veterinarios trabaja en hospitales para animales. Los hospitales para animales tienen salas de examen y de operación. También son lugares donde pueden quedarse los animales enfermos. Los veterinarios de las granjas van al hogar del animal enfermo.

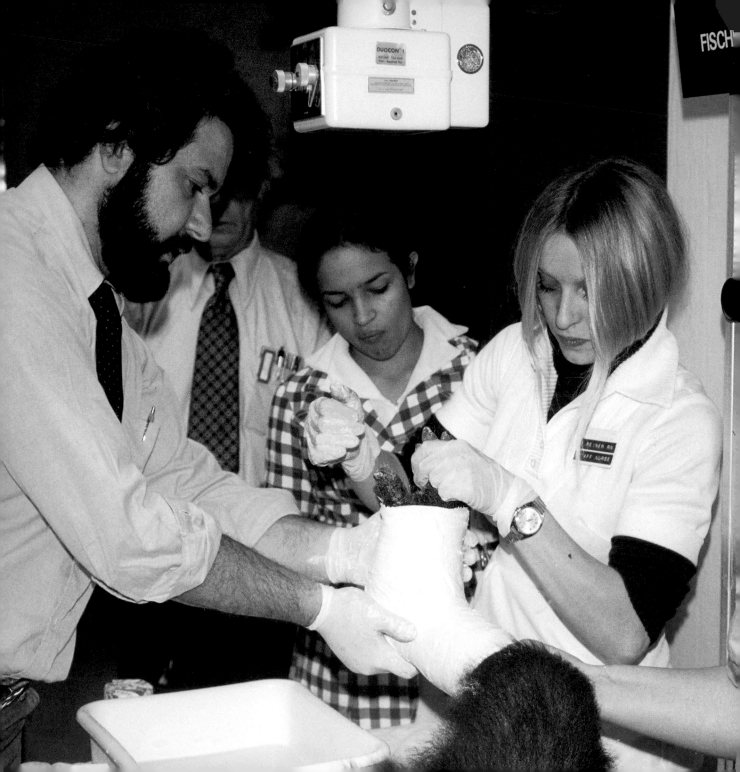

Quiénes ayudan a las veterinarias

Las veterinarias necesitan ayuda en su trabajo. La recepcionista contesta las llamadas para hacer citas en el consultorio. Un asistente ayuda al veterinario a operar. Por lo general, también el dueño del animal doméstico o el granjero ayuda a la veterinaria.

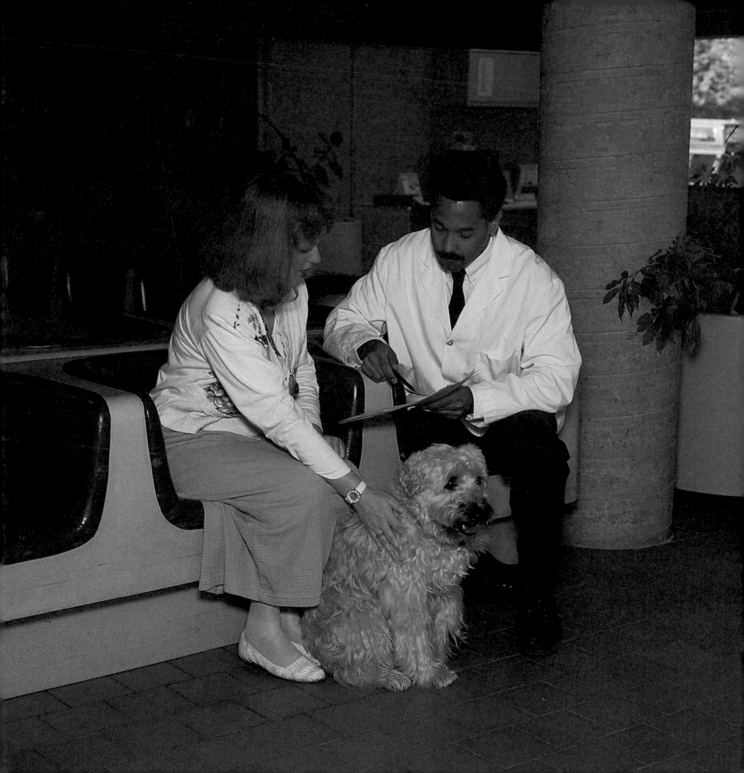

Los veterinarios ayudan a la gente

Los veterinarios ayudan tanto a los animales como a la gente. Ellos cuidan a los animales domésticos de la gente. Algunas veces ayudan a los animales de granja a tener sus bebés. Ellos le enseñan a la gente como cuidar sus animales.

Manos a la obra: Tú puedes cuidar a los pajaritos

El trabajo del veterinario es cuidar a los animales. Tú también puedes cuidar a los animales que llegan a tu casa.

Los pajaritos están en todas partes. Ellos necesitan que la gente los cuide. Estas son algunas maneras como tú puedes cuidar a los pajaritos.

1. Deja alpiste en tu patio o ventana. Así tus pajaritos podrán alimentarse.
2. Haz una fuente para pájaros. A los pájaros les gusta bañarse para estar limpios. Deja agua limpia en un molde para pastel.
3. Consigue una pajarera. Puedes comprarla en una tienda. También tu puedes construirla. La pajarera les da a los pajaritos un lugar seguro para vivir.

Conoce las palabras

bata de laboratorio—un uniforme de algodón largo que cubre la ropa

comunidad—grupo de gente que vive en el mismo lugar

estetoscopio—instrumento médico utilizado para oír los sonidos del pecho

examinar—revisar con cuidado

jeringa—tubo con un disco y aguja hueca para vacunar

operar—abrir una parte del cuerpo para corregir un problema.

Más lecturas

Gibbons, Gail. *Say Woof! The Day of a Country Veterinarian.* New York: Macmillan Publishing, 1992.

Green, Carol. *Veterinarians Help Animals.* Plymouth, Minn.: Child's World, 1997.

Páginas de Internet

I Want to Be a Veterinarian
http://www.futurescan.com:80/vet/
James Herriot Page
http://www.geocities.com/Athens/Acropolis/3907

Índice